사랑할 시간이 그리 많지 않네

그림 경전 말씀 2

사랑할 시간이 그리 많지 않네

혜조 엮음 | 신창호·해탈자 그림

운주사

머리말

돌이켜 생각해보면 풀이나 나무도 까닭(인연) 없이 저절로 피어난 것이 아니듯, 어느덧 인생을 살아오며 아무런 인연(노력) 없이 생겨난 것은 하나도 없다는 것쯤은 알 나이에 이르렀습니다. 어떤 이는 세간에서 학교만 마치고 부모에게 효도 한 번 안 하고 떠났다고 아직도 비방(?)하며 서운해하는 이도 있습니다만, 그것도 지나친 마음의 집착에서 나오는 애정 어린 염려임을 짐짓 헤아리고 있지요. 아직 기억나지는 않지만 저도 모르게 간직했던 먼 전생의 염원이 학교를 마칠 즈음에서야 예기치 않게 표면 위로 떠올라 불현듯 출가하게 된 것은 지금 생각해도 최상의 은혜라 아니할 수 없습니다.

그러나 출가한 지 30년이 훨씬 넘도록 시주밥을 얻어먹으며 깊은 불도를 체험하여 세상을 이롭게 하지 못함은 몹시 송구스럽고 부끄러운 일입니다. 그래서 미처 깨달음을 증득하지는 못했더라도, 부처님과 부모님을 포함한 여러 시주님들 은혜를 부족하나마 나름대로 갚고자 부처님 경전말씀을 그림과 함께 엮

었습니다. 또 신창호 님 그림의 먼저 나온 책을 보고 해탈자 님께서 독특한 스타일로 새롭게 그림을 그려주셔서, 이중창의 풍성한 화음을 울리게 되어 더욱 고맙고 감사할 따름입니다.

   마음이 순수하고 깨끗한 사람은 탐욕이 없어서 어디를 가든 평화롭고 아름답다고 하였습니다. 이 작은 그림 경전말씀을 매일 한 번씩 보시며 마음속에 스며있는 탐욕의 번뇌가 씻겨지는 만큼, 그 비워지는 정도에 따라 우리들의 마음은 더욱 행복으로 가득차리라 믿어 의심치 않습니다. 내 것이라 탐내지 않으면 자연스레 나눠주기가 쉽고 그러면 행복이 배가 되어 성냄이 줄고 두려움도 감소하겠지요. 그래서 이 세상 어디를 가든 이기적인 목적으로 서로를 해치는 일이 없어지면 자연도 덩달아 청정해져서 우리 모두를 이익되게 할 것입니다.

   오늘날 현대인들은 과학기술이 고도로 발전하여 기계문명에 대한 의존도가 높아지면서, 아이러니하게도 삶의 일자리들이 현저하게 줄어들어 빈익빈 부익부의 차별만 커져 좌절하고 소외된 이들이 급속도로 늘어난 아픈 현실 가운데 있습니다. 이런 심각한 경제적 불평등과 정신적 방황과 좌절이 사회제도에 대한 원망과 반항으로 점철되어, 과거에는 감히 상상도 못했던 잔인한 일들이 우리 주변에서 심심찮게 일어나는 것입니다. 더욱이 유례가 없던 코로나19 바이러스가 생겨나고 거기에 대응하는 백신도 개발되어 전 세계적으로 치료하고 있습니다만, 여전히 변종 바이러스가 거듭 재창조되면서 끊임없이 우리의 건강을 심각하게 위협하고 있습니다.

그렇다면 모든 질병과 두려움이 발생하는 근본 원인은 무엇일까요? 부처님의 팔만대장경 법문이 전부 중생들의 갖가지 고뇌와 고통의 소멸을 목적으로 하여 설해진 것입니다. 중생들의 고통이 없었고 고뇌가 없었더라면 부처님께서 굳이 설법하실 이유가 없었다는 의미입니다. 어떤 괴로움의 형태라도, 즉 병이나 재물 또는 인간관계든 각자가 겪는 고통은 반드시 그에 상응하는 원인이 있다는 것이며, 고통을 불러온 그 실마리만 제거하면 의외로 쉽게 모든 고통에서 벗어날 수 있다는 뜻이기도 합니다.

그러므로 중생들의 온갖 괴로움을 벗어나게끔 설하셨던 팔만대장경 법문에서 그 해답을 찾아야 제대로 된 근본 치유가 가능할 수 있을 것입니다. 이제 우리 마음을 계속해서 불안하게 하는 그 불편한 진실을 더 이상 외면하지 말고 직시해야 합니다. 똑바로 직면하고 깨달아 잘못된 생각과 습성들을 고쳐나가는 근본 치료를 통해, 우리 자신과 이웃 그리고 함께 더불어 살아가는 자연환경도 소중히 여겨서 모든 생명이 진정한 행복을 찾기 발원합니다. 이렇게 온 중생계를 이롭게 하며 부처님의 깨달음을 성취하도록 이끄는 그림 경전말씀이 세상에 나오도록, 변함없는 신뢰와 공경으로 그림을 그려주신 두 분과 출판사 식구들에게 마음 깊이 감사의 합장을 올립니다.

    나무석가모니불
    나무석가모니불
    나무시아본사석가모니불 _()_

엮은이 합장 삼배

머리말 • 5

제1장 살아있는 모든 존재는 다 행복하라 • 21

둥근 그릇에선 둥글게 되고 〈능엄경〉	23
인간의 기쁨을 초월한 기쁨 〈담마빠다〉	24
중생을 편안하고 안락하게 하려고 〈법화경〉	25
모든 베풂 가운데 가장 훌륭한 것 〈증일아함경〉	26
모든 괴로움을 일으키는 뿌리 〈화엄경〉	27
허공이 은혜 갚음을 바라지 않듯 〈대방등대집경〉	28
아름다운 선은 몸을 편안하게 하니 〈묘법성염처경〉	29
부처가 될 성품 〈열반경〉	30
부처님의 가르침을 믿고 지키는 이 〈법구경〉	31
부처님과 다를 바가 없는 자 〈제법집요경〉	32
바른 법을 이어 받으려면 〈선생경〉	33
마음에 걱정하지 않으려거든 〈아함경〉	34
마음이 즐거워 뉘우치는 후회가 없고 〈대지도론〉	35
근면 노력하여 많은 선행을 쌓아라 〈미륵하생성불경〉	36
지혜로운 자는 교만하지 않네 〈대집대허공장보살소문경〉	37
스스로를 이기고 성내는 자를 이기는 비법 〈상응부경전〉	38
드넓은 바닷물이라도 쉬지 않고 퍼낸다면 〈무량수경〉	39

즐거움 가운데 최상의 즐거움 〈잡아함경〉	40
남을 위해 설해준 공덕 〈금강경〉	41
스스로를 사랑하지 않는 행위 〈중본기경〉	42
곁에 있든 멀리 있든 간에 〈자비경〉	43
수천 리를 떠나 있더라도 〈사십이장경〉	44
자신과 남의 평화를 낳는 요인 〈섭대승론〉	45
늘어나지도 줄어들지도 않네 〈반야심경〉	46
살아있는 모든 존재는 다 행복하라 〈숫타니파타〉	47
투명하여 맑은 물에서는 〈본생경〉	48
삼악도에 떨어지지 않으려면 〈여래장경〉	49
어리석은 사람의 공통된 특징 〈법률삼매경〉	50
항상 마음을 잘 다스려라 〈장아함경〉	51
재물의 손실과 지혜의 손실 〈증지부경전〉	52

제2장 덕의 향기는 바람을 거슬러 풍기네 • 53

새가 쉬고자 할 때 〈초발심자경문〉	55
인간으로 해서 안될 일은 하지 말라 〈법구경〉	56
마침내 깨달음을 이루는 한 생각 〈화엄경〉	57
서로 화합하고 존경할 것이요 〈반니원경〉	58
천신이나 도인이나 부처님을 집에 모시려면 〈잡보장경〉	59
손가락 한 번 튕기는 사이에 〈안반수의경〉	60

배우기 좋아하는 이를 항상 돌보고 〈법구비유경〉　　61
부처님 탑에 보시 공덕을 닦아서 〈시등공덕경〉　　62
처음엔 악을 저질렀어도 〈출요경〉　　63
일체법은 다 자성이 없어서 〈해심밀경〉　　64
진정한 인욕 〈잡아함경〉　　65
참으로 부처님께 공양하는 방법 〈십주비바사론〉　　66
온갖 괴로움 그리고 재앙을 만나려면 〈범천신책경〉　　67
지은 죄와 복을 적어서 보고하니 〈약사경〉　　68
참다운 참회 〈천수경〉　　69
뭇 생명을 아끼고 사랑하고 불쌍히 여겨라 〈사미니계경〉　　70
덕의 향기는 바람을 거슬러 풍기네 〈법집요송경〉　　71
아귀 귀신의 문을 여는 자 〈보살본원경〉　　72
남의 마음을 이기려면 〈삼혜경〉　　73
무엇이 본래 청정하다는 뜻인가? 〈대품반야경〉　　74
이 세상에 보내진 세 명의 천사 〈열반경〉　　75
허물 뉘우치면 죄는 차츰 엷어지나니 〈증일아함경〉　　76
연잎에 떨어지는 물방울처럼 〈본생경〉　　77
현명한 벗은 만복의 기초 〈환상경〉　　78
항상 염불하는 사람에게는 〈무량문교밀지경〉　　79
배에 실으면 물 위에 뜨듯이 〈밀린다왕문경〉　　80
탐욕에서 벗어나려면 〈해탈도론〉　　81
은둔의 진실한 의미 〈반야경〉　　82
꼭 해탈을 얻게 하는 힘 〈대승밀엄경〉　　83

우리가 불행에서 벗어나려면 - 청화선사   84

제3장 행복은 작은 선이 모여서 이루어지네 • 85

어둠은 사라지고 밝음만 남아 〈사십이장경〉   87
먼저 은혜를 베풀면 좋은 벗을 얻고 〈잡아함경〉   88
불법이라 집착하면 〈금강경〉   89
행복은 작은 선이 모여서 이루어지네 〈법구경〉   90
자신의 마음이 안정되어 있으면 〈장로게경〉   91
오늘을 충실히 살고 있을 때 〈중대가전연일야현자경〉   92
욕심을 채우려는 사람은 많지만 〈중아함경〉   93
염불로 무생법인에 들다 〈능엄경〉   94
차별된 모습이 있지 않으나 없지도 않은 이유 〈대승기신론〉   95
번뇌에 있어도 항상하고 오염되지 않는 여래장 〈여래장경〉   96
마땅히 그 마음을 제어하라 〈불유교경〉   97
마음을 심지로, 자비를 기름으로 〈화엄경〉   98
가난과 행복의 지름길 〈문수사리정률경〉   99
깨끗하고 더러움은 어디에서 생기나? 〈법구경〉   100
마군들도 무너뜨리지 못하게 하려면 〈묘법성염처경〉   101
정의를 등지지 말며 원망을 갚지 말라 〈잡보장경〉   102
삼계의 감옥에서 벗어나게 하는 행법 〈대승본생심지관경〉   103
일체법을 관하여도 아무것도 없나니 〈법화경〉   104

술에 빠지면 가난해지네 〈장아함경〉　　　　　　　　　105
앞일을 예언하거나 점치지 말라 〈숫타니파타〉　　　　　106
물고기가 그물에 걸려드는 행위 〈법집요송경〉　　　　　107
헛것을 떠나면 그것이 해탈 〈원각경〉　　　　　　　　　108
온 세상에 가득한 고통을 마땅히 편안케 하리 〈수행본기경〉 109
한 성품이 둥글어서 일체 성품과 통하고 〈증도가〉　　　110
많이 들어 알아도 자기 체험이 없으면 〈대장엄론경〉　　111
평등한 마음으로 차별없이 제도하시네 〈대애경〉　　　　112
생사를 건네주는 지혜 〈불본행경〉　　　　　　　　　　113
살아서 행복하고 죽어서 천상에 태어나려면 〈별역잡아함경〉 114
생겨나면 다할 때가 있고 흥하면 쇠하기 마련 〈역사이산경〉 115
말법시대에 생사윤회를 벗어나게 하는 염불수행 〈대방등대집경〉 116

제4장 지금 후회없이 사랑하라 • 117

마음은 바람과 같고 흐르는 물과 같아서 〈대보적경〉　　119
무엇이 가장 행복하고 가장 불행한 것인가? 〈선생경〉　　120
경전을 가까이 하라 〈반니원경〉　　　　　　　　　　　121
가르침을 오래도록 머물게 하려면 〈승만경〉　　　　　　122
중생은 대상과 함께 하고 대상과 어울려 〈아함경〉　　　123
모든 법은 본래부터 항상 고요한 열반의 모습 〈법화경〉　124
번뇌와 보리(깨달음)의 관계 〈무소유보살경〉　　　　　　125

이 세상은 오직 마음일 뿐 〈입능가경〉	126
있는 그대로 볼 수 있는 원리 〈상응부경전〉	127
하루하루를 살아가는 최선의 길 〈법구경〉	128
법의 성품 원융하여 두 모양이 없네 〈법성게〉	129
자기가 행한 업에 따라 과보를 얻으니 〈불설앵무경〉	130
나에게 공양하려면 병든 사람부터 공양하라 〈사분율〉	131
작은 명예와 이익을 구하다가 〈백유경〉	132
부처님을 모시려면 전생의 복이 있어야 〈아난분별경〉	133
살생을 많이 하면 죽어서 지옥에 나며 〈잡아함경〉	134
여래의 모든 가르침의 핵심 〈반니원경〉	135
지혜롭지 못하면서 높은 평판을 얻는 것은 〈팔리경전 고닷따〉	136
자기가 뿌린 씨앗을 자기가 거두나니 〈본생경〉	137
깨끗한 나라를 이루려 한다면 〈유마경〉	138
죄는 어디에서 생기고 소멸하는가? 〈불명경〉	139
장애 속에서 해탈을 얻으라 〈보왕삼매론〉	140
모든 죄의 근원과 선행의 근원 〈법구비유경〉	141
다시 태어나는 이가 있고 태어나지 않는 까닭은? 〈밀린다왕문경〉	142
만일 싸움을 걸어오는 이가 있을지라도 〈대루탄경〉	143
쓰레기 무더기에서도 연꽃의 향기 생겨나듯 〈화엄경〉	144
마음은 모든 법의 근본 〈증일아함경〉	145
수천의 생을 반복한다 해도 〈입보리행론〉	146
지혜로운 이는 쌀로 밥을 짓지만 〈초발심자경문〉	147
자비가 제일가는 행이다 〈법구경〉	148

제5장 괴로움과 행복은 어디서 오는가? • 149

법 앞에 남녀 구별이 없네 〈중아함경〉	**151**
하늘나라에 태어나는 길 〈잡아함경〉	**152**
등불을 부처님 탑 앞에 밝힌 공덕 〈시등공덕경〉	**153**
모든 괴로움과 행복은 어디서 오는가? 〈법구경〉	**154**
조련사가 말을 잘 조련시키듯이 〈소부경전〉	**155**
마음으로 부처님을 잊지 않고 염불하면 〈능엄경〉	**156**
듣지 않은 소리를 들었다고 하지 말고 〈대장엄론경〉	**157**
인욕이 가장 큰 힘 〈사십이장경〉	**158**
제법(만법)은 움직이지만 항상 고요하다 〈조론〉	**159**
하루가 흘러 한 달 되니 다음 생은 어찌할 것인가! 〈초발심자경문〉	**160**
손에 상처가 없으면 독은 영향을 끼치지 못해 〈담마빠다〉	**161**
중생을 이롭게 하기 위하여 〈대품반야경〉	**162**
모든 법은 무아이고 평등하네 〈불설비밀상경〉	**163**
도를 성취하는 다섯 가지 믿음 〈삼혜경〉	**164**
남을 기쁘게 하는 마음을 닦는 자 〈열반경〉	**165**
한 때 품은 악한 생각이 훗날 많은 재앙 불러 〈매의경〉	**166**
여러 재산 가운데 가장 으뜸가는 것 〈별역잡아함경〉	**167**
수행 많이 했다고 자랑하지 마라 〈구타범지경〉	**168**
앉아있다고 해서 좌선이라 할 수 없어 〈유마경〉	**169**
늙으면 마치 헌 수레와 같으니 〈수행본기경〉	**170**
일체 세간은 더울 때의 아지랑이와 같거늘 〈대승밀엄경〉	**171**

누구나 극락세계에 왕생하고자 하면 〈관무량수경〉	172
가장 으뜸가는 정진 〈선가귀감〉	173
여래는 오직 길을 가리킬 뿐이네 〈중아함경〉	174
관세음보살의 이름을 듣고 일심으로 부르면 〈법화경〉	175
어리석은 자와 지혜로운 자의 차이 〈법구경〉	176
부디 잠자지 말라 〈불유교경〉	177
세간과 출세간에서 동일하게 적용되는 원리 〈정법염처경〉	178
진정한 수행자는 어떠한 경우에도 〈숫타니파타〉	179
무엇이 견고한 믿음인가? 〈광박엄정불퇴전륜경〉	180

제6장 마음을 좇아가지 말고 마음의 주인이 되어라 • 181

일체법은 성품이 없어 언어분별을 떠났네 〈입능가경〉	183
자신을 망치는 것은? 〈법구경〉	184
언제나 자비로운 마음을 갖는다면 〈아함경〉	185
악행엔 반드시 갚음이 있으니 〈소부경전〉	186
빨리 불법에 들어가야 한다 〈별역잡아함경〉	187
사람이 살면서 면할 수 없는 네 가지 〈출요경〉	188
친족들끼리 언제나 서로 아끼고 사랑하라 〈무량수경〉	189
남이 싸우는 걸 보면 싸움을 말려야 하네 〈태자화휴경〉	190
마음이 산란하여 안정되지 않으면 〈보리행경〉	191
근거없는 비방에는 침묵하라 〈잡아함경〉	192

독경하지 않음은 경전의 녹 〈담마빠다〉	193
무엇이 인간에게 최상의 행복인가? 〈대길상경〉	194
신심 없는 지혜는 첨곡을 키우네 〈대비바사론〉	195
상처를 주지 말라 〈아함경〉	196
강물이 바다에 들어가면 모두 짠맛이 되듯 〈대보적경〉	197
진정한 아름다움 〈칠녀경〉	198
마음을 좇아가지 말고 마음의 주인이 되어라 〈장아함경〉	199
여래의 법신은 영원하다 〈부증불감경〉	200
입안의 도끼 〈숫타니파타〉	201
남의 허물을 보면 입을 다물라 〈법원주림〉	202
모든 법은 허망하나 분별로 생겨나고 〈대승유전제유경〉	203
마음속이 편안하다 〈나운인욕경〉	204
끝없는 선행을 베풀려면 〈열반경〉	205
살생을 좋아하는 사람은 〈대지도론〉	206
허물을 깊이 뉘우치면 악의 근본 사라져 〈증일아함경〉	207
세 가지의 그릇된 죽음 〈법구비유경〉	208
진실로 여래를 보려거든 〈금강경〉	209
등불이 없으면 보물을 못보는 것처럼 〈화엄경〉	210
자기의 참다운 이익을 소홀히 마라 〈법구경〉	211
윤회의 굴레를 굴리는 주체는 누구인가? 〈잡아함경〉	212

제7장 빛과 어둠, 그 불가분의 관계 • 213

부처님을 섬기며 정성껏 예배하면 〈증일아함경〉	215
한 마음으로 열반(진정한 행복)을 찾아라 〈좌선삼매경〉	216
연꽃은 진흙 속에 있어도 〈대보적경〉	217
어떤 일이든 때가 있는 법 〈백유경〉	218
도끼자루를 꾸준히 잡아 손가락자국이 나타나듯 〈잡아함경〉	219
하늘을 나는 새의 길처럼 〈담마빠다〉	220
무거운 짐을 버리려고 하거든 〈법집요송경〉	221
마음으로 인하여 실체를 이루네 〈능엄경〉	222
모든 부처님의 법 〈중음경〉	223
지은 공덕을 중생에게 회향하라 〈유마경〉	224
편히 잠들고 악몽을 꾸지 않으려면 〈대방편불보은경〉	225
부부는 인간관계의 기본 〈아함경〉	226
인내는 보리(깨달음)의 바른 씨앗 〈우바새계경〉	227
실천이 따르는 사람의 말 〈법구경〉	228
모든 괴로움을 벗어나게 할 수 있으니 〈법화경〉	229
화합하면 원수가 없네 〈발각정심경〉	230
친족을 대할 때 친근하게 공경하며 〈육방예경〉	231
기쁨을 주고 고통을 없애주는 보리심 〈입보리행론〉	232
탐욕은 무지의 아들 〈여시어경〉	233
수명이 늘어나고 안색이 좋아지려면 〈장아함경〉	234
남의 마음을 아프게 하지 마라 〈제경요집〉	235

마음을 모으면 이루지 못할 일이 없으니 〈불유교경〉　　236

삼매를 얻는 길 〈반주삼매경〉　　237

마업이란 중생을 가엾이 여기지 않는 것 〈대방등대집경〉　　238

일을 하면 끝을 맺어라 〈별역잡아함경〉　　239

지옥에 떨어지는 여섯 가지 인연 〈선생경〉　　240

번뇌 없애고 해탈을 얻으려면 〈인연승호경〉　　241

빛과 어둠, 그 불가분의 관계 〈정법경〉　　242

부디 침묵을 지켜라 〈출요경〉　　243

네가 있으므로 내가 있고 〈상응부경전〉　　244

숟가락이 국맛을 모르듯이 〈법구경〉　　245

오직 지은 업만 따라갈 뿐이네 〈초발심자경문〉　　246

제1장

살아 있는 모든 존재는 다 행복하라

물은 둥근 그릇에 담으면 둥글게 되고
네모난 그릇에 담으면 네모가 된다.
하지만 물 자체는 모양이 없는 것이다.

〈능엄경〉

한적한 곳으로 가서 마음이 고요하고
담마(진리)를 선명하게 보는 비구에게
인간의 기쁨을 초월한 기쁨이 있다.

〈담마빠다〉

나는 법왕으로 법에 자유자재하여
중생을 편안하고 안락하게 하려고
일부러 세상에 출현하였도다.

〈법화경〉

모든 베풂 가운데 가장 훌륭한 것은
병든 사람에게 베푸는 것이다.
병든 사람에게 베푸는 것이 참다운 보시요
큰 과보를 얻는 길이며,
큰 공덕을 쌓는 길이다.
그러니 병든 사람에게 베풀어
큰 공덕을 쌓도록 하라.

〈증일아함경〉

내 것이라고 집착하는 마음이
모든 괴로움을 일으키는 뿌리가 된다.
세상의 온갖 것에 대해
가지려는 생각을 버린다면,
항상 마음이 편안하여
마침내 근심이 없어질 것이다.

〈화엄경〉

허공은 은혜 갚음을 바라지 않는 것처럼,
보살이 인욕을 닦아서 온갖 중생에게
과보를 바라지 않는 것도 그와 같다.

〈대방등대집경〉

부모님을 사랑하듯 선善을 사랑하라.
아름다운 선은 몸을 편안하게 해주고
다툼을 없애주며 용기를 주고
대중이 나를 따르게 하며
번뇌를 떠나게 하니 선을 닦아라.

〈묘법성염처경〉

일체의 모든 중생들에게는
부처가 될 성품이 본래 갖추어져 있다.

〈열반경〉

부처님의 가르침을 믿고 지키는 이는
단순히 스스로를 위해서 사는 것이 아니라
남을 위해서 사는 것이다.

〈법구경〉

욕심과 번뇌를 여읜 이는
부처님과 다를 바가 없다.

〈제법집요경〉

탐욕과 성냄, 어리석음
그리고 두려움이 있으면
바른 법을 이어받지 못한다.
그런 이의 명예가 떨어지는 것은
보름 지난 저 달이 이지러짐과 같다.

〈선생경〉

성냄을 죽이면 편안히 잘 수 있고
마음에 걱정이 없다.

〈아함경〉

계행을 지니는 사람은
항상 이 세상 사람들의 공경과 공양을 받으며
마음이 즐거워 뉘우치는 후회가 없고,
의식이 구족하여 모자람 없이 지내다가
죽은 뒤에는 하늘에 태어나고
나중에는 불도를 이룬다.

〈대지도론〉

근면 노력하여 청정심을 일으켜
많은 선행을 쌓아라.
그리하면 미륵불을 만나는 것은
의심할 여지가 없을 것이다.

〈미륵하생성불경〉

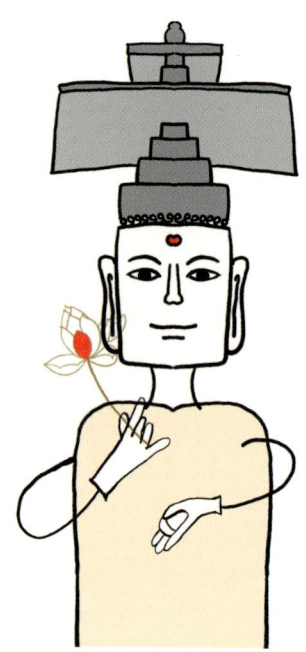

지혜로운 자는 교만하지 않아
마음이 고요하고 산란함이 없으며,
항상 보리의 마음에 의지하여
그 마음과 뜻이 물들지 않는다.

〈대집대허공장보살소문경〉

성내는 자에게 같이 성내지 않으면
두 가지 승리를 얻는다.
먼저 자신 스스로를 이기고
성내는 상대방을 이기는 것이다.

〈상응부경전〉

드넓은 바닷물이라도 쉬지 않고 퍼낸다면
언젠가 그 밑바닥을 보게 될 것이다.
하물며 지극한 마음으로 구도의 길을 간다면
무엇인들 이루지 못하겠는가!

〈무량수경〉

지혜로운 사람은 욕심을 버리는 데서
기쁨과 즐거움을 얻나니,
이것이 바로 즐거움 가운데서도
최상의 즐거움이다.

〈잡아함경〉

삼천대천세계에 가득 찬
칠보로 보시한 공덕보다
금강경 사구게만이라도
남을 위해 설해준 공덕이 더 수승하다.

〈금강경〉

살생과 도둑질과
사음과 거짓말을 일삼으며
도를 믿지 않는 사람은
스스로를 사랑하지 않는 것이다.

〈중본기경〉

곁에 있든 멀리 있든 간에
속이거나 멸시하지 않아야 하며,
원한에서든 증오에서든 몸이나 입 그리고
마음으로 고통을 주고 싶어하지 않아야 한다.

〈자비경〉

수천 리를 떠나 있더라도
내 계율을 항상 생각하면
반드시 도의 결과를 얻을 수 있겠지만,
항상 내 좌우에 붙어 있더라도
내 계율을 따르지 않으면
결코 도를 얻지 못할 것이다.

〈사십이장경〉

인내는 자신과 남의 평화를 낳는다.

〈섭대승론〉

사리자여! 이 모든 법의 공한 모습은
생기지도 않고 사라지지도 않으며,
더럽지도 않고 깨끗하지도 않을 뿐 아니라
늘어나지도 않고 줄어들지도 않느니라.

〈반야심경〉

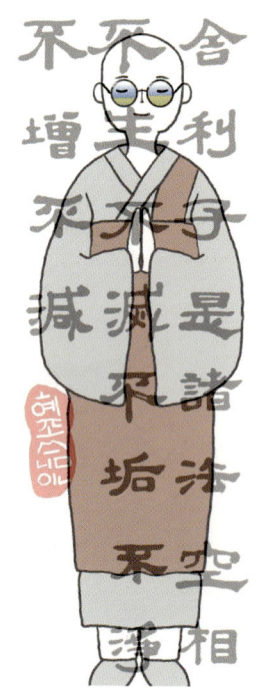

살아있는 모든 존재는 다 행복하라.
마치 어머니가 목숨을 걸고 외아들을 지키듯이,
이 세상의 살아있는 모든 생명체에
한량없는 자비심을 발하라.

〈숫타니파타〉

투명하여 맑은 물에서는
진주며 모래며 물고기 등이 환히 보이는 것처럼,
맑은 마음에는 자타의 공덕이 환히 보인다.

〈본생경〉

공성空性을 배우는 사람은

지옥 아귀 축생의 삼악도에 떨어지지 않는다.

〈여래장경〉

어리석은 사람은 남의 나쁜 점만 볼 뿐
자신의 나쁜 점은 볼 줄 모르며,
어리석은 사람은 자신의 좋은 점만 볼 뿐
남의 좋은 점은 볼 줄 모른다.

〈법률삼매경〉

마음의 변덕을 따라
이리저리 흔들리지 마라.
항상 마음을 잘 다스려서
부드럽고 순하고
고요함을 지니도록 하라.

〈장아함경〉

재물을 잃는 손실은 작지만
지혜를 잃는 손실은 크다.

〈증지부경전〉

제2장

덕의 향기는 바람을 거슬러 풍기네

새가 쉬고자 할 때 반드시 숲을 고르듯이
진리를 배우는 사람은
반드시 스승과 벗을 가려야 한다.
좋은 숲을 택한 새는 잠자리가 편안하고
스승과 벗을 잘 만나면 학문이 높아진다.
그러므로 착한 벗 섬기기를 부모님 모시듯 하고
악한 벗을 원수처럼 멀리해야 한다.

〈초발심자경문〉

인간으로서 해서 안 될 일은 하지 말라.
해서 안 될 일을 하면
반드시 고뇌와 번민이 따른다.
그리고 해야 할 일은 반드시 실행하라.
그러면 가는 곳마다 후회하는 일은 없을 것이다.

〈법구경〉

맨 처음 먹은 한 생각이
마침내 깨달음을 이룬다.

〈화엄경〉

너희는 여래의 가르침을 바탕으로
서로 화합하고 존경할 것이요,
다투는 일이 있어서는 결코 안 된다.
물과 기름처럼 겉돌지 말고
물과 젖처럼 서로 화합하라.

〈반니원경〉

만약 어떤 사람이 모든 하늘천신들을
자기 집에 있게 하려거든 부모에게 효도하라.
그러면 모든 하늘천신들은 그 집에 있을 것이다.
……
만일 여러 성현들과 부처님을
자기 집에 있게 하려거든 부모를 공양하라.
그러면 여러 성현들과 부처님이
곧 그 집에 있을 것이다.

〈잡보장경〉

손가락 한 번 튕기는 사이에
마음은 960번 움직인다.

〈안반수의경〉

배우기 좋아하는 이를 항상 돌보고
올바른 마음으로 법답게 행하며
오직 보배로운 지혜를 지닌 이,
그를 도인이라 한다.

〈법구비유경〉

부처님 탑에 보시 공덕을 닦음은
중생에게 이익 주고 깨달음을 구함이니
지혜로운 자는 이렇게 수승한 인연을 지어
날 적마다 언제나 좋은 과보를 받는다.

〈시등공덕경〉

사람이 처음엔 악을 저질렀어도
뒤에 선한 행위로 그것을 없애면
구름에서 벗어난 달처럼 세상을 비춘다.

〈출요경〉

이른바 일체법은 다 자성이 없어서
태어남이 없고 죽음이 없나니,
본래 적정하여
자성이 열반(진정한 행복)이다.

〈해심밀경〉

자기보다 못한 사람 앞에서 참는 것이
진정한 인욕이다.

〈잡아함경〉

하늘천신이 꽃과 향을 내려도 그것은
여래를 공양하고 공경하는 것이라 하지 않는다.
만일 비구 비구니 우바새 우바이들이
일심으로 방일하지 않고
성인의 법을 친근하게 닦아 익히면
이것이야말로 참으로 부처님께 공양하는 것이다.

〈십주비바사론〉

어리석어 부처님의 가르침을 믿지 않고
방종해서 두려워하는 바가 없으면
온갖 괴로움이 몸에 얽혀 재앙을 만나게 된다.

〈범천신책경〉

모든 중생들에게는 날 적부터
함께 태어나는 두 신(俱生神)이 있어,
그 사람이 살아서 지은 바에 따라
죄와 복을 상세히 적어
염라대왕에게 보고한다.

〈약사경〉

죄는 자성이 없나니, 마음에서 생기는 것이다.
그래서 만약 마음이 소멸하면 죄도 역시 사라진다.
죄가 없어지고 마음도 소멸하여 두 가지가 텅 비면
이를 참다운 참회라 한다.

〈천수경〉

뭇 생명을 아끼고 사랑하고 불쌍히 여기기를
마치 부모가 자식을 생각하는 것처럼 하여,
꿈틀거리는 미물조차도
마치 갓난아기인 양 불쌍히 여겨야 한다.

〈사미니계경〉

부용이나 전단향 같은 꽃향기는
바람을 거스르지 못하지만
덕의 향기는 바람을 거슬러 풍기나니
덕이 있는 사람, 그 향기는 두루 퍼진다.

〈법집요송경〉

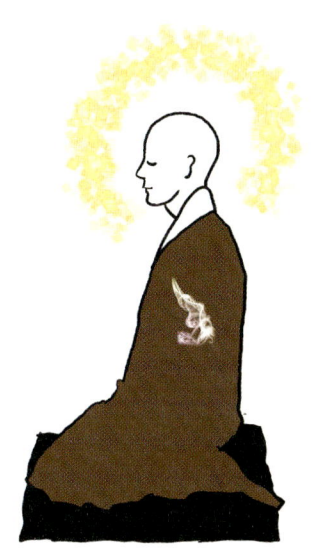

집에 돈과 재물이 있으면서도 보시하지 않는다면
이런 사람은 그것을 지키는 노예가 된 것이다.
만약 구걸하는 자를 보고서
얼굴과 눈을 찌푸린다면
이 사람은 아귀의 문을 연 것임을 알아야 한다.

〈보살본원경〉

사람이 제 마음도 이기지 못하면서
도리어 남의 마음을
이기려 해서야 될 법한 일인가!
제 마음을 이겨야
남의 마음을 이기게 될 것이다.

〈삼혜경〉

사리불이 부처님께 여쭈었다.
"무엇이 본래 청정하다는 뜻입니까?"
부처님께서 대답하셨다.
"나오지도 않고 생기지도 않으며,
얻을 것도 없고 지을 것도 없는
이것을 '본래 청정하다'고 한다."

〈대품반야경〉

늙음과 병듦, 죽음은
이 세상에 보내진 세 명의 천사이다.

〈열반경〉

사람이 악행을 지었더라도
허물을 뉘우치면 죄는 차츰 엷어지나니,
날마다 자신의 허물을 뉘우쳐 고치면
언젠가 죄의 뿌리 완전히 뽑혀지리라.

〈증일아함경〉

연잎에 물방울이 떨어지면
즉시 굴러 떨어지듯이,
욕망이 일어나면 잠시라도 마음에
자리를 잡지 못하도록 쫓아버려야 한다.
그러기 위해서는 언제나
사색과 명상에 힘써야만 할 것이다.

〈본생경〉

현명한 벗은 만복의 기초여서
현세에서는 국왕의 감옥을 면하게 하고,
죽어서는 삼악도(지옥, 아귀, 축생)의 문을 닫아
천상계에 올라 깨달음을 얻게 해준다.
이 모두가 현명한 벗의 도움 아님이 없다.

〈환상경〉

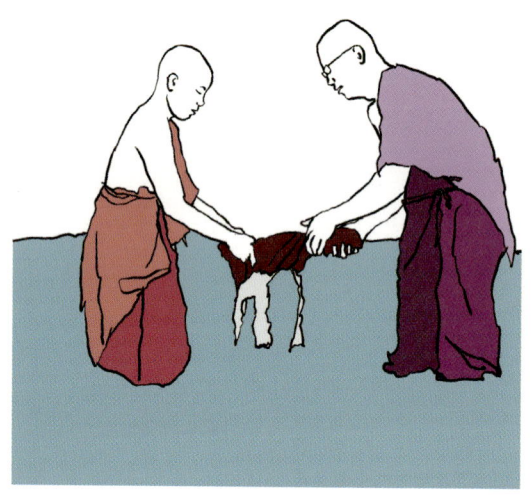

항상 염불하는 사람에게는
여러 사견(그릇된 생각)이 파고들 틈새가 없느니라.

〈무량문교밀지경〉

비록 작은 돌이라도
배에 싣지 않으면 물속에 잠겨버리지만,
수백 수레 분의 바위라도
배에 실으면 물 위에 뜨듯
착한 행위는 이 배와 같다.

〈밀린다왕문경〉

탐욕은 꿈과 같은 것이다

탐욕은 날카로운 칼과 같은 것이다

탐욕은 독을 품은 벌레와 같은 것이다

탐욕은 허깨비와 같은 것이다

탐욕은 바람과 같고

어둠과 같고 감옥과 같은 것이다.

이렇게 탐욕을 관찰한다면

그는 탐욕에서 벗어난 사람이다.

〈해탈도론〉

사람들로부터 멀리 떨어져서
홀로 숲 속에 사는 것은
진정한 은둔이 아니다.
진정한 은둔이란
좋고 싫음의 분별로부터
자유로워지는 것이다.

〈반야경〉

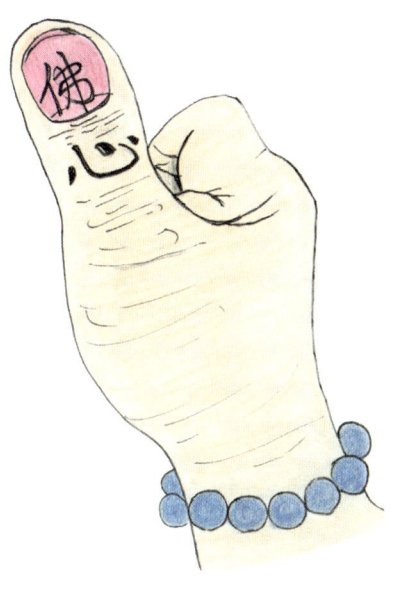

믿음을 내고 의심을 품지 마라.
믿음이 곧 부처님 자체이므로
꼭 해탈을 얻게 하리라.

〈대승밀엄경〉

우리의 마음은 광대무변하다.
우리가 불행한 것은
마음이 본래 광대무변하다는 것을
모르기 때문이다.

- 청화선사

제3장

행복은 작은 선이 모여서 이루어지네

도를 보는 사람은 마치 횃불을 들고
어두운 방에 들어가는 것과 같다.
횃불을 들고 어두운 방 안으로 들어가면
어둠은 사라지고 밝음만이 남아 있다.

〈사십이장경〉

명예를 얻고자 한다면 계율을 지키고
재물을 얻고자 한다면 보시를 행하고,
덕망이 높아지고자 한다면 진실한 삶을 살고
좋은 벗을 얻고자 한다면 먼저 은혜를 베풀어라.

〈잡아함경〉

이른바 불법이라 집착하면 곧 불법이 아니다.

〈금강경〉

작은 선이라도
가벼이 여겨 복이 없을 것이라 하지 말라.
한 방울 물이 비록 작아도
조금씩 모여 큰 그릇을 채우나니,
이 세상에 가득 찬 행복도
작은 선이 쌓여서 이루어진 것이다.

〈법구경〉

자신의 마음이 안정되어 있지 않으면
남이 아무리 칭찬해준다 해도 부질없는 짓이다.
그러나 자신의 마음이 안정되어 있으면
남이 아무리 비난을 퍼부어도
그 역시 부질없는 짓이다.

〈장로계경〉

오늘을 충실히 살고 있을 때
삶은 생기에 넘쳐 맑아진다.

〈중대가전연일야현자경〉

욕심을 채우려는 사람은 많지만
욕심을 근심하는 사람은 적다.

〈중아함경〉

나는 일찍이 수행할 때에
염불로써 무생법인*에 들었느니라.

〈능엄경〉

---

* 태어남도 없고 죽음도 없는 불생불멸한 진여법성의
  깊은 진리를 깨달은 경지(無生法忍).

모든 만법은 인연으로 생겨서
자성이 공하므로
차별적인 모습이 있지 않으며,
자성이 공하지만 인연으로 생기므로
차별적인 모습이 없지도 않다.

〈대승기신론〉

모든 중생이 비록 여러 육도에 머물며
번뇌의 몸에 싸여 있지만,
항상하고 오염되지 않은 여래장을 가지고 있어서
나와 다를 바 없는 덕상을 갖추고 있다.

〈여래장경〉

너희는 마땅히 그 마음을 제어하라.
마음이 두렵기는
독사나 사나운 짐승이나 원수보다 더해서,
큰 불길이 타오르는 것도
그것에 비길 바가 못 된다.

〈불유교경〉

마음을 심지로
자비를 기름으로
생각을 그릇으로 삼고,
공덕을 빛으로 삼아
탐욕과 성냄과 어리석음을 없애라.

〈화엄경〉

인색과 탐욕은
가난의 지름길이 되고,
보시는 곧
행복의 지름길이 된다.

〈문수사리정률경〉

내가 악행을 하면 스스로 더러워지고
내가 선행을 하면 스스로 깨끗해진다.
그러니 깨끗하고 더러움은 내게 달린 것,
아무도 나를 깨끗하게 해줄 수 없다.

〈법구경〉

몸과 입과 생각을 잘 보호하면
바른 소견이 항상 상응하리니,
밝은 등과 같은 지혜가 있어
마군魔軍들이 무너뜨리지 못한다.

〈묘법성염처경〉

이기심을 채우고자
정의를 등지지 말며
원망을 원망으로 갚지 말라.

〈잡보장경〉

참회는 삼계의 감옥에서 벗어나게 하고
참회는 보리(깨달음, bodhi)의 꽃을 피게 하며,
참회는 부처님의 크고 원만한 거울을 보게 하고
참회는 보배가 있는 곳에 이르게 한다.

〈대승본생심지관경〉

일체법을 관하여도 아무것도 없나니
마치 허공에 견고한 것이 하나도 없는 것과 같아서,
생기지도 않고 나오지도 않으며
움직이지도 않고 물러나지도 않은 채
항상 일정한 모양으로 머물러 있음을 관찰할지니
이것이 바로 수행자가 가까이해야 할 영역이니라.

〈법화경〉

술에 빠지면 가난해지고
생각이 어리석어지고
재물을 탕진하게 되고
사치를 좋아하게 되고
남들과 노름하게 되며
다른 여자를 엿보게 된다.
이렇게 나쁜 행동은 마치 달이 마침내 이지러지듯
점점 자신을 파멸의 늪으로 몰고 간다.

〈장아함경〉

앞일을 예언하지 말라
천지이변을 점치지 말라
꿈을 해몽하지 말라
사주관상 등을 보거나 또 봐주지 말라.
이와 같이 길흉화복에 대한
판단을 모두 버린 사람은
이 세상에서 올바른 구도자의 길을 가고 있는
사람이다.

〈숫타니파타〉

욕망의 그물이 씌워지고 애욕의 뚜껑이 덮이고
마침내 어리석음이 그 마음을 묶어버리면
그것은 물고기가 그물에 걸려든 것과
다를 바 없다.

〈법집요송경〉

헛것인 줄 알았으면 곧 떠나라
헛것을 떠나면 그것이 바로 해탈이니라.

〈원각경〉

갓 태어난 태자는
일곱 걸음을 걸으며 한 손으로는 하늘을
또 한 손으로는 땅을 가리키며 말하기를,
'하늘에서나 지상에서나
오직 나 홀로 존엄하다.
온 세상에 가득한 모든 고통을
내 마땅히 편안하게 하리라'고 하였다.

〈수행본기경〉

한 성품이 둥글어서 일체 성품과 통하고
한 법이 두루하여 일체법을 머금네.
하나의 달이 일체의 물에 두루 나타나고
일체의 물에 비친 달을 하나의 달이 포섭하네.

〈증도가〉

비록 많이 들어 알아도 자기 체험이 없으면,
장님이 등불을 들어 남을 밝혀주면서
자기 앞은 보지 못하는 것과 같다.

〈대장엄론경〉

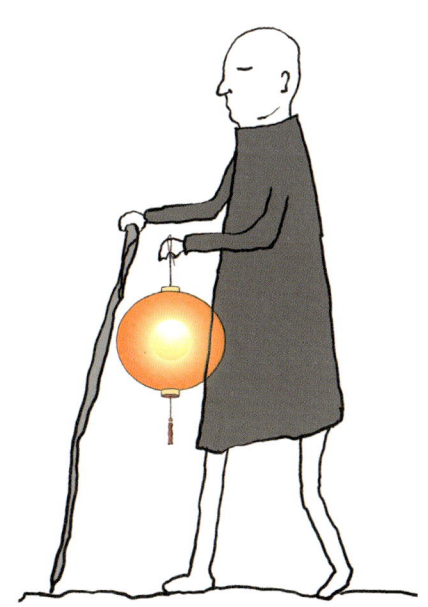

계율을 준수하는 자이거나
계율을 범하는 자이거나
교화하기 쉬운 중생이거나
교화할 수 없는 중생이거나
부처님 양족존께서는
평등한 마음으로 각각 차별없이 제도하시네.

〈대애경〉

배는 강물을 건네주고
지혜는 생사를 건네준다.
그러므로 가르침을 늘 들어서
마땅히 부처님께서 말씀하신
가르침을 따르도록 해야 한다.

〈불본행경〉

재물을 모으되 법답게 하고
법답지 않은 일은 하지 말라.
자신이 모은 재물일지라도 사치하지 말고
남에게 베풀어 법도를 잃지 않으면,
살아서 행복하고 죽어서 천상에 태어나리라.

〈별역잡아함경〉

사물이 생겨나면 다할 때가 있고
흥하면 쇠하기 마련이다.
만물은 이와 같이 모두 무상하다.

〈역사이산경〉

南無阿彌陀仏

말법시대에는
수없이 많은 이들이 수행하더라도
깨달음을 이루는 이는 참으로 드물다.
염불 수행만이
생사윤회를 벗어나게 할 수 있다.

〈대방등대집경〉

제4장

지금 후회없이 사랑하라

마음은 마치 바람과 같다

마음은 그 모습을 볼 수 없고 잡을 수도 없다.

마음은 흐르는 물과 같아서,

머무는 일 없이 일어났다가는 곧 사라지게 된다.

〈대보적경〉

이 세상에서 가장 행복한 것은 무엇이며
가장 불행한 것은 무엇인가?
부모님 살아계실 때가 가장 행복하고
부모님 돌아가셨을 때가 가장 불행하다.

〈선생경〉

경전을 가까이 하여

가르침을 마음속에 간직하라.

〈반니원경〉

제가 힘을 얻게 될 때는 어느 곳에서든지 마땅히
잘못을 항복 받아야 할 사람에게는 항복 받으며,
마땅히 용서해 줄 사람은 용서하겠습니다.
왜냐하면 때로는 항복하고 벌함으로써,
때로는 용서함으로써
가르침을 오래도록 머물게 할 수 있기 때문입니다.

〈승만경〉

중생은 언제나 대상과 함께 하고
대상과 하나로 어울린다.
즉 선한 마음을 가지면 대상을 선하게 보고
비열한 마음을 가지면 대상을 나쁘게 보게 된다.

〈아함경〉

모든 법은 본래부터
항상 고요한 열반의 모습 그대로이므로,
불자가 이 도리를 닦게 된다면
다음 세상에 반드시 부처님 되리라.

〈법화경〉

번뇌와 보리(깨달음, bodhi)는
둘이면서 둘이 아니다.

〈무소유보살경〉

이 세상은 오직 마음일 뿐,
그 이외에 다른 모든 것들은 없다고 보라.

〈입능가경〉

물이 흐리거나 끓고 있지 않거나
이끼로 덮여 있지 않다면,
제 얼굴을 있는 그대로 볼 수 있다.

〈상응부경전〉

지금 이 순간을
진실하고 굳세게 살아가는 것,
그것이 하루하루를 살아가는
최선의 길이다.

〈법구경〉

법의 성품 원융하여
두 모양이 본래 없고,
모든 법이 부동하여
본래부터 고요하네.

〈법성게〉

중생들은 자기가 행한 업을 말미암아
그 업(선업과 악업)에 따라 과보를 얻는다.
업을 인연하고, 업을 의지하여
업에 따른 장소에서 중생은
그 업으로 높아지기도 하고 낮아지기도 하며,
훌륭하고 훌륭하지 않은 곳을 따르기도 한다.

〈불설앵무경〉

너희들은 지금부터
병든 스님을 간호하는 사람이 되고
간호하지 않는 사람이 되지 말라.
병을 보살피는 사람이 되고
병을 보살피지 않는 사람이 되지 말라.
만일 나에게 공양하려는 이가 있거든
병든 사람부터 공양하라.

〈사분율〉

작은 명예와 이익을 구하다가
도리어 큰 손실을 보게 된다.
제 몸을 위하여 예의를 돌아보지 않으면,
현재에는 허명을 얻고
미래에는 괴로움의 과보를 받는다.

〈백유경〉

과거 생에 복을 지었기 때문에
지금 부처님을 모시게 된 것이다.
이는 전생의 복이 크기 때문이다.

〈아난분별경〉

살생을 많이 하면 죽어서 지옥에 나며
인간으로 태어나더라도 반드시 목숨이 짧을 것이다.
남이 주지 않는 것을 훔치면 지옥에 나며
혹 인간으로 태어나더라도 가난할 것이다.
삿된 음행을 하면 지옥에 나며
인간으로 태어나더라도 배우자가 바람을 피울 것이다.
거짓말을 많이 하면 지옥에 나며
인간으로 태어나더라도 남의 놀림을 받을 것이다.
이간질을 많이 하면 지옥에 나며
인간으로 태어나더라도 친구가 배신하고 떠날 것이다.
욕설을 많이 하면 지옥에 나며
인간으로 태어나더라도 언제나 듣기 싫은 탁성을 낼 것이다.
꾸밈말을 많이 하면 지옥에 나며
혹 인간으로 태어나더라도 말에 신용이 없을 것이다.

〈잡아함경〉

여래의 모든 가르침의 핵심은
너희 마음을 단속하는 데 있다.
너희는 욕심으로부터 멀리 떠나
몸을 바르게 하고 순결히 하며,
말에 거짓이 없도록 하라.

〈반니원경〉

지혜롭지 못하면서 높은 평판을 얻는 것은
지혜가 있으면서
평판을 얻지 못하는 것보다 못하다.
어리석은 사람에게 칭찬을 듣는 것은
지혜로운 사람에게
꾸지람을 듣는 것보다 못하다.

〈팔리경전 고닷따〉

사람은 누구나 자기 업을 따라 살아간다.
좋은 씨앗을 뿌렸든 나쁜 씨앗을 뿌렸든
자기가 뿌린 씨앗을 자기가 거두는 것과 같다.

〈본생경〉

만일 깨끗한 나라를 이루려 한다면
마땅히 마음을 맑고 깨끗이 하라.
내 마음이 맑고 깨끗해지면
불국토는 따라서 깨끗해지리라.

〈유마경〉

죄는 마음으로부터 생기고
다시 마음으로부터 소멸한다.

〈불명경〉

공부하는 데 마음에 장애 없기를 바라지 마라.
마음에 장애가 없으면
배우는 것이 넘치게 되나니,
그래서 부처님께서
'장애 속에서 해탈을 얻으라'고 하셨느니라.

〈보왕삼매론〉

어리석음은 모든 죄의 근원이요
지혜는 모든 선행의 근원이다.

〈법구비유경〉

밀린다왕이 물었다.
"어떤 사람은 다시 태어나고,
어떤 사람은 다시 태어나지 않습니까?"
나가세나존자가 대답하였다.
"죄 있는 사람은 다시 태어나고,
죄 없는 사람은 다시 태어나지 않습니다.
또 죄 없는 사람이라도 생존에 대한
집착을 가지고 죽는다면 다시 태어날 것이요,
생존에 대한 집착 없이 죽는다면
다시 태어나지 않습니다."

〈밀린다왕문경〉

두 가지 인연이 있어서 업을 지으니
자신과 다른 사람의 두 경우이다.
만일 싸움을 걸어오는 이가 있을지라도
지혜로운 이는 맞서 싸우지 않는다.

〈대루탄경〉

큰길가에 버려진 쓰레기 무더기에서도
연꽃의 향기가 생겨나서
길 가는 이의 마음을 기쁘게 하는 것과 같이,
쓰레기처럼 눈 먼 중생 가운데에서
바로 깨우친 사람은
지혜에 의해서 찬란하게 빛난다.

〈화엄경〉

마음은 모든 법의 근본이니
마음이 주인이 되어 모든 것을 부린다.
마음속으로 악을 생각하여 그대로 행하면,
괴로운 과보 받는 것이
뒷바퀴가 앞바퀴 자국을 따라가는 것과 같다.
마음속으로 선을 생각하여 그대로 행하면,
선의 과보 받는 것이
그림자가 형체를 따르는 것과 같다.

〈증일아함경〉

수천의 생을 반복한다 해도
사랑하는 사람과 다시
만날 수 있는 가능성은 아주 드물다.
그러니 지금 후회 없이 사랑하라
사랑할 시간이 그리 많지 않다.

〈입보리행론〉

지혜로운 이는
쌀로 밥을 짓지만,
어리석은 이는 모래를 삶아
밥을 지으려고 한다.

〈초발심자경문〉

인자하면 마음에 혼란이 없으니
자비가 제일가는 행이다.
보살은 자비의 행으로 중생을 보살피니
그 복은 한량이 없다.

〈법구경〉

제5장

괴로움과 행복은 어디서 오는가?

법 앞에 남녀 구별이 없고,
진리 앞에 누구나 평등하다.

〈중아함경〉

자기나 남을 위하여
또는 재물과 오락을 위하여
거짓으로써 말하지 않으면,
그것이 곧 하늘에 태어나는 길이다.

〈잡아함경〉

몸매가 원만하고 큰 힘을 갖추어
다른 이와 싸우지 않고
어디를 다녀도 괴롭히는 이가 없는 것은
등불을 부처님 탑 앞에 밝혔기 때문이네.

〈시등공덕경〉

모든 괴로움은 어디서 오는가?
자기만 생각하는 이기심에서 온다.
모든 행복은 어디서 오는가?
남을 먼저 생각하는 이타심에서 온다.

〈법구경〉

자기 자신을 항상 안정시켜라.
마치 조련사가 말을 조련시키듯,
자기 자신을 안정시키고
모든 일에 침착하게 행동하면
마침내 괴로움에서 벗어나
행복에 이르게 된다.

〈소부경전〉

중생의 마음은 본디 부처이기 때문에,
만일 중생이 마음으로
부처님을 잊지 않고 염불하면
현세나 미래세에 반드시 부처님을 친견하리라.

〈능엄경〉

오로지 말을 조심하라.
함부로 남을 모략하지 말며
남의 잘못을 전하지 말고
남에게 상처 입히는 말을 하지 말며,
듣지 않은 소리를 들었다고 하지 말고
보지 못한 것을 보았다고 하지 말라.

〈대장엄론경〉

인욕이 가장 큰 힘이다.
악을 품지 않고 마음의 안정과
육체의 건강까지 겸하였기 때문이다.
인욕하는 사람은 악심이 없으므로
사람들로부터 존경을 받는다.

〈사십이장경〉

제법이 움직이는 데서
고요함을 구해야만 한다.
따라서 제법은 움직이지만 항상 고요하다.
즉 움직임을 버리지 않고
고요함을 구하기 때문에,
고요하지만 움직임을 떠나지 않는다.

〈조론〉

하루가 흘러 한 달이 되고
한 달이 흘러 일 년이 되며
일 년이 흘러서
어느덧 죽음의 문턱에 이르게 된다.
망가진 수레는 움직일 수가 없고
사람이 늙은 뒤에는 수행할 수가 없다.
그런데도 누워서 계속 게으름을 피우고 있으니
수행한 것이 얼마나 되는가?
얼마나 되기에 그토록 허송세월하고 있는가!
우리의 몸은 언젠가는 반드시 죽게 될 것이니
다음 생은 어찌할 것인가!

〈초발심자경문〉

손에 상처가 없으면 손으로 독을 만질 수 있다.
독은 상처가 없는 사람에게 영향을 주지 못한다.
악한 짓을 하지 않는 자에게 악한 일은 없다.

〈담마빠다〉

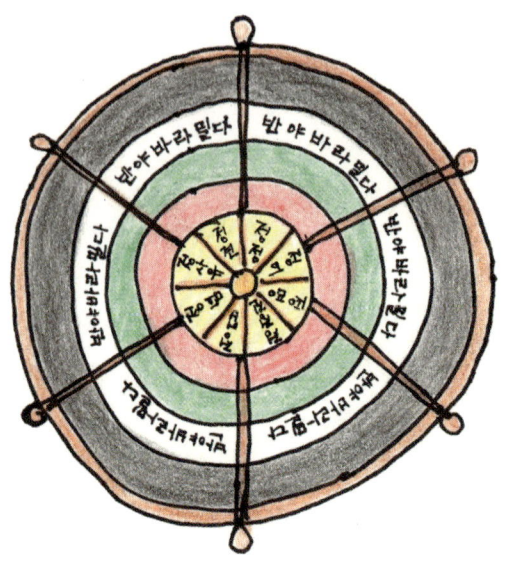

참된 실상과 중생의 모습은 다르지 않으니,
이런 까닭에 보살마하살은
중생을 이롭게 하기 위하여
반야바라밀을 행하는 것이다.

〈대품반야경〉

모든 법은 무아無我이고
평등한 줄을 관해야 한다.

〈불설비밀상경〉

다섯 가지 인연을 믿어야 한다.

첫째, 부처님을 믿음이요

둘째, 법을 믿음이요

셋째, 계를 믿음이요

넷째, 경전을 믿음이요

다섯째, 선지식을 믿음이라.

이 다섯 가지를 잘 믿으면 도를 성취하게 된다.

〈삼혜경〉

남을 기쁘게 하는 마음을 닦는 이는
괴로움을 끊게 된다.

〈열반경〉

어리석은 사람들은
자기가 품은 한 때의 악한 생각이
훗날 많은 재앙을
불러오게 된다는 것을 알지 못한다.

〈매의경〉

여러 재산 가운데

믿음이 가장 으뜸가는 것이니라.

〈별역잡아함경〉

수행을 많이 했다고
수행한 것을 자랑하지 마라.
그런 마음으로 자신을 자랑하고
남을 업신여기면, 수행하면 할수록
번뇌만 늘어날 뿐이다.

〈구타범지경〉

앉아 있다고 해서
그것을 좌선이라 할 수는 없다.
현실 속에 살면서도
몸과 마음이 움직이지 않는 것을 좌선이라 한다.

〈유마경〉

늙으면 모양이 변하여져서
마치 헌 수레와 같다.
법만이 괴로움을 없앨 수 있나니
마땅히 힘써서 배워야 한다.

〈수행본기경〉

일체 모든 세간은 더울 때의 아지랑이와 같이
참된 모양〔實相〕이 아니어서
존재하지 않는데도
망령되이 존재한다고 분별한다.

〈대승밀엄경〉

누구나 극락세계에 왕생하고자 하면
부모를 효도로 공양하며
스승과 어른들을 받들어 섬기고,
자비로운 마음으로 살생하지 말 것이며
열 가지 십선업*을 닦아야 한다.

〈관무량수경〉

---

* 열 가지 착한 행위를 말함. 살생하지 않기, 남의 것을 훔치지 않기, 음행하지 않기, 거짓말하지 않기, 꾸미고 아첨하는 말 않기, 이간질하는 말 않기, 욕설이나 악담하지 않기, 탐욕 부리지 않기, 성질내기 않기, 어리석지 않기 등이다.

자기 자신의 천진스런
본래 마음을 지키는 것이
으뜸가는 정진이다.

〈선가귀감〉

내가 가르친 제자들 가운데에는
열반에 도달할 수 있는 사람도 있고
도달하지 못하는 사람도 있느니라.
나 여래는 오직 길을 가리킬 뿐이니,
그 길을 따라가고
따라가지 않는 것을 낸들 어찌하겠는가!

〈중아함경〉

각종 고통에 시달리는
한량없는 백천만억 중생들이
관세음보살의 이름을 듣고 일심으로 부르면,
관세음보살이 즉시 소리를 듣고
모두 괴로움에서 벗어나게 한다.

〈법화경〉

어리석은 자는
언젠가 죽어야 한다는 것을
알지 못하기에 다투고,
지혜로운 이는
잘 알기에 다투지 않는다.

〈법구경〉

항상 덧없는 무상의 불길이
모든 세상을 불사르고 있음을 생각해서,
빨리 자기를 구제할 것이요
부디 잠자지 말라.

〈불유교경〉

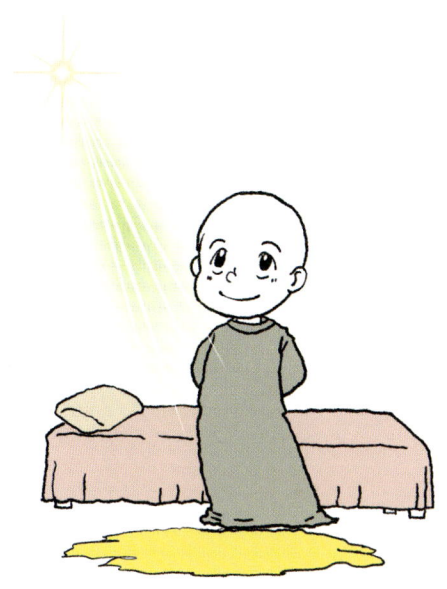

세간의 이치나 출세간의 이치나
그것은 다 정진의 힘으로
모두가 이루어지는 것이다.

〈정법염처경〉

진정한 수행자는 어떠한 경우에도
적대적인 대답은 하지 않는다.

〈숫타니파타〉

믿고 즐거워하는 마음 내어
오욕락을 탐하지 않으면,
곧 신심의 힘을 성취할 것이니
이것을 '견고한 믿음'이라 한다.

〈광박엄정불퇴전륜경〉

제6장

마음을 좇아가지 말고 마음의 주인이 되어라

일체법은 성품이 없으므로
언어분별을 떠났으며,
모든 존재는
꿈과 같고 요술과 같아
생사도 열반도 아니다.

〈입능가경〉

쇠 스스로에서 생긴 녹이
쇠를 갉아먹듯이
자신에게서 만들어진 악행이
자신을 망친다.

〈법구경〉

인내는 분노를 이기고, 선은 악을 이기며
은혜는 인색한 마음을 이기고
진실은 거짓을 이긴다.
욕하지도 않고 포악하지 않으며
언제나 자비로운 마음을 갖는다면,
비록 악한 사람이 욕을 한다고 하더라도
결코 흔들리지 않을 것이다.
유능한 마부가 거친 말을 잘 다루듯이
분노가 치솟을 때 그것을 잘 이겨내야 한다.

〈아함경〉

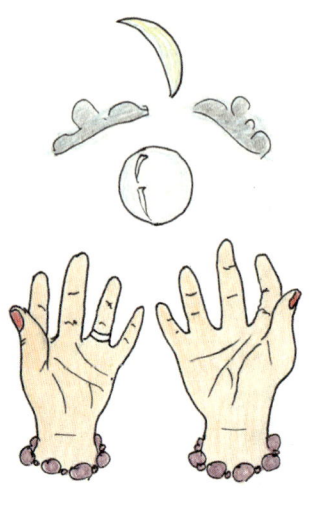

나쁜 짓을 했다면 결코 방심해서는 안 된다.
비록 그것이 먼 과거의 행위든
남몰래 한 것이든 간에
악행엔 반드시 갚음이 있기 때문이다.
그러나 좋은 일을 했다면
마음을 편안히 가져도 좋다.
비록 그것이 먼 과거의 행위든
남몰래 한 것이든 간에
좋은 행위엔 반드시 좋은 결과가 따르기 때문이다.

〈소부경전〉

사람의 수명은 짧고 반드시 죽게 마련이다.
늙음과 쇠함이 침범하면 구할 수 있는 자가 없다.
그러므로 죽음을 두려워해서라도
빨리 불법에 들어가야 한다.

〈별역잡아함경〉

사람이 살면서 네 가지를 면할 수 없다.
이 세상 모든 것은 영원한 것이 없는 것이요
아무리 부귀하더라도 반드시 빈천해지는 것이며
어떤 것이든 모이면 흩어지기 마련이고
건강한 몸을 지닌 사람도
때가 되면 반드시 죽는 것이다.

〈출요경〉

부모와 자식, 형과 아우, 남편과 아내
그리고 친족들끼리 언제나 서로 아끼고 사랑하라.
또한 어떤 경우에도 질투하거나 증오하지 말고
얼굴빛을 항상 부드럽고 따뜻하게 하라.
설령 서로 멀리 떨어져 있다고 해도
언제나 걱정하는 마음을 가져라.
아버지의 사랑은 무덤까지 이어지고
어머니의 사랑은 영원까지 이어진다.

〈무량수경〉

남이 싸우는 것을 보면
그냥 지나치지 말고 싸움을 말려야 한다.
그러면 싸우던 사람들도
그 사람의 진심을 알아보고
싸움을 그치게 된다.

〈태자화휴경〉

마음이 산란하여 안정되지 않으면
듣고 사유하고 관찰하라.
그릇에서 물이 새면
물은 채워지지 않는다.

〈보리행경〉

근거 없는 비방에는 침묵하라.
나쁜 소문은 마음에 담지 말라.

〈잡아함경〉

독경하지 않음은 경전의 녹이고
돌보지 않음은 집의 녹이며,
게으름은 용모의 녹이고
방일은 깨어있는 사람의 녹이다.

〈담마빠다〉

佛說摩訶般若波羅蜜多心經
觀自在菩薩行深般若波羅蜜多時照見五
蘊皆空度一切苦厄舍利子色不異空空不
異色色即是空空即是色受想行識亦復如
是舍利子是諸法空相不生不滅不垢不淨
不增不減是故空中無色無受想行識無眼
耳鼻舌身意無色聲香味觸法無眼界乃至
無意識界無無明亦無無明盡乃至無老死
亦無老死盡無苦集滅道無智亦無得以無
所得故菩提薩埵依般若波羅蜜多故心無
罣礙無罣礙故無有恐怖遠離一切顛倒夢
想究竟涅槃三世諸佛依般若波羅蜜多故
得阿耨多羅三藐三菩提故知般若波羅蜜
多是大神呪是大明呪是無上呪是無等等
呪能除一切苦真實不虛故說般若波羅蜜
多呪即說呪曰
揭諦揭諦波羅揭諦波羅僧揭諦菩提娑婆訶
般若心經

다른 이를 존중하고 스스로 겸손하며
만족할 줄 알고 은혜를 생각하며,
시간이 있을 때면 가르침을 들어라.
이것이 인간에게 최상의 행복이다.
참고 온순하며 스스로를 절제하고
청정한 행을 닦아 불멸의 진리를 깨달으라.
이것이 인간에게 최상의 행복이다.

〈대길상경〉

비록 지혜가 있더라도
청정한 믿음이 빠지면,
신심 없는 지혜는 첨곡을 키우게 된다.
이런 첨곡을 그치게 하므로
믿음이 으뜸이라 한 것이다.

〈대비바사론〉

다른 사람이 곧 나요
내가 곧 남이라고 생각하여,
나 아닌 남에게
상처를 주어서는 안 된다.

〈아함경〉

여러 강물이 바다에 들어가면 모두 짠맛이 되듯이,
여러 가지 일을 통해 쌓은 보살의 선행도
중생의 깨달음에 회향하면 해탈의 한 맛이 된다.

〈대보적경〉

얼굴이 아름다운 것은 진정한 아름다움이 아니고
몸매가 아름다운 것도 진정한 아름다움이 아니며,
화려하게 옷을 입는 것도 진정한 아름다움이 아니고
귀를 간지럽게 칭찬하는 말도 훌륭한 말이 아니다.
마음이 단정하고 뜻이 바른 것이
진정한 아름다움이다.

〈칠녀경〉

마음이 하늘도 만들고
지옥도 만들고 극락도 만드나니,
마음을 좇아가지 말고
마음의 주인이 되어라.

〈장아함경〉

사리불이여, 여래의 법신은 항상하다.
달라짐이 없는 법이기 때문이며
없어지지 않는 법이기 때문이다.
여래의 법신은 영원하다.
여래의 법신은 맑고 청정하다.
여래의 법신은 변하지 않는다.
멸하는 법이 아니기 때문이며
만들어진 법이 아니기 때문이다.

〈부증불감경〉

사람은 태어날 때
입 안에 도끼를 가지고 나온다.
어리석은 사람은
말을 함부로 함으로써
그 도끼로 자신을 찍고 만다.

〈숫타니파타〉

남의 허물을 보면 입을 다물라.
자기에게 나쁜 점이 있으면
응당 들추어내야 한다.

〈법원주림〉

모든 법은 다 허망한 것인데
다만 분별로부터 생겨난다.
이 분별 또한 공한 것인데
이 공에 대해 다시 허망하게 분별한다.

〈대승유전제유경〉

인내를 가지고 자비를 실천하면
세세생생 적이 없고
마음속이 편안하다.

〈나운인욕경〉

부처님에게 가까이 가려면

오직 마음에 자비심을 가지는 것이 근본이다.

자비심을 가지게 되면

끝없는 선행을 베풀 수 있다.

〈열반경〉

살생을 좋아하는 사람은
생명 있는 무리가 모두 보기 싫어한다.
살생을 좋아하지 않으면
여러 중생들이 모두 의지하며 좋아한다.

〈대지도론〉

사람이 죽어 무덤으로 돌아갈 때는
재물과 친족은 흩어지고
자신이 살아서 지은 업(선업과 악업)만 남나니,
부디 선행을 쌓을지어다.
아무리 큰 악을 지었더라도
뉘우치면 허물은 없어지리니,
자신의 허물을 깊이 뉘우칠 때라야
악의 근본이 사라진다.

〈증일아함경〉

병이 있어도 치료하지 않는 것,
치료하되 조심하지 않는 것,
교만해서 이치에 어긋나는 일을 알지 못하는 것,
이 세 가지가 그릇된 죽음이다.

〈법구비유경〉

무릇 형상 있는 것은 모두 허망한 것이니,
만약 모든 형상이 허망한 것임을 깨닫는다면
진실로 여래를 보리라.

〈금강경〉

어둠 속에 보물이 있다 해도
등불이 없으면 못 보는 것처럼,
배우지 않으면
아무리 빼어난 재주를 갖고
세상에 태어났어도
삶의 진리를 깨닫지 못한다.

〈화엄경〉

크든 작든 간에
다른 이의 이익을 위한다 하여,
자기의 참다운 이익을
소홀히 하지 마라.

〈법구경〉

어느 하늘천신이 부처님께 와서 여쭈었다.
"윤회의 굴레는 왜 생기며
누가 윤회의 굴레를 끌고 가며,
윤회의 굴레는 얼마나 굴러야 멈추게 되나이까?"
부처님께서 말씀하셨다.
"업을 따라 윤회의 굴레가 생기고
마음이 그것을 굴리며 간다.
그렇게 돌고 돌다가 그 인연이 다하는 곳에 이르면
생사윤회의 굴레는 돌지 않고 멈추느니라."

〈잡아함경〉

제7장

빛과 어둠, 그 불가분의 관계

부처님을 받들어 섬기며 정성으로 예배하면
얼굴이 단정해지고 음성이 맑고 청아해지며
부귀하게 되고 좋은 집안에 태어나며
목숨을 마치면 천상에 태어나느니라.

〈증일아함경〉

사슴이 샘을 찾아 물을 마시려고 하지만
사냥꾼은 자비심이 없어 사슴을 죽여버린다.
어리석은 자도 역시 그와 같아서
세상일에 몰두하다 갑자기 죽음이 닥치면
누가 그런 그대를 보호할 것인가?
그대가 사랑하며 즐겁다고 여기던 것들을
모두 떨쳐버리고 한마음으로
열반(진정한 행복)을 찾아라.

〈좌선삼매경〉

연꽃은 진흙 속에 있어도
진흙에 의해 더러워지지 않듯이,
보살은 세속에 살아도
세속의 일에 의해 더러워지지 않는다.

〈대보적경〉

어떤 일이든 때가 있는 법,
때가 채 이르기도 전에 애를 쓰면
도리어 화를 당한다.

〈백유경〉

장인이 도끼자루를 꾸준히 잡으면
조금씩 점점 닳아 손가락 자국이 나타난다.
그러나 장인은 그것을 깨닫지 못한다.
이와 같이 열심히 노력하여 닦고 익히면
오늘은 얼마쯤 번뇌가 없어진 것을
스스로는 알지 못하나
마침내 번뇌가 없어질 것이다.

〈잡아함경〉

번뇌가 소멸되었고 음식에 집착하지 않으며
그의 목표가 해탈이라면,
그것은 비어 있고 자취도 없다.
하늘을 나는 새의 길처럼
그의 길은 찾기 어렵다.

〈담마빠다〉

무거운 짐을 버리려고 하거든
무거운 업 새로이 짓지 말라.
무거운 짐은 이 세상의 고통이니
그것을 잘 버리면 가장 즐겁다.

〈법집요송경〉

모든 법이 생기는 것은
오직 마음이 나타내는 것이다.
일체 온갖 원인과 결과뿐 아니라,
세계와 작은 먼지 티끌조차
모두 마음으로 인하여 실체를 이룬다.

〈능엄경〉

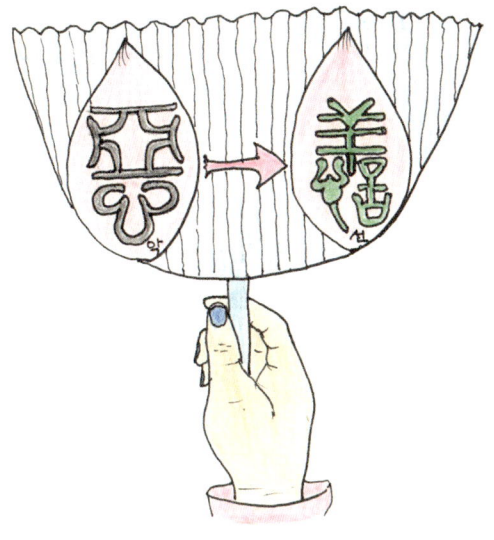

몸은 청정하여 악을 행하지 않고
입으로 하는 말도 언제나 청정하며
마음도 부처님 마음처럼
청정하게 하는 일,
이것이 모든 부처님의 법이다.

〈중음경〉

중생에게 덕을 베풀되
되갚음을 바라지 말고
일체중생을 대신해 내가 고통 받으며
지은 공덕을 중생에게 회향해야 한다.

〈유마경〉

생명이 존재하는 모든 것에게
늘 사랑을 베풀고
노여움을 일으키지 않는다면,
언제나 장수를 누리고 편히 잠들어
악몽을 꾸지 않을 것이다.

〈대방편불보은경〉

부부 사이야말로 인간관계의 기본이다.
이 부부 사이의 관계,
그 기초 위에서 자식과의 관계가 성립되고
이어서 형제, 상하의 관계가 성립된다.
그러므로 그 기초가 올바르다면
나머지 인간관계는 잘못될 것이 없다.

〈아함경〉

인내는
보리(깨달음)의 바른 씨앗[因]이다.
아뇩다라삼먁삼보리*는
인내의 결실이다.

〈우바새계경〉

---

* 위없이 높고 바르며 평등한 부처님의 깨달음, 곧 무상
  정등정각無上正等正覺을 말함.

똑같은 꽃이라도 사랑스럽고 아름다운 빛과
은은한 향기를 내뿜는 꽃이 있듯이,
실천이 따르는 사람의 말은
그 메아리가 조용히 멀리까지 울려 퍼진다.

〈법구경〉

이 경은 능히 일체중생들을 구원할 수 있으며,
일체중생들로 하여금
모든 괴로움을 벗어나게 할 수 있다.

〈법화경〉

화합하면 원수가 있을 수 없고
화합한 자는 명망이 높아지며
화합한 자는 공경과 사랑을 받나니,
지혜로운 자라면 어찌 화합하지 않겠는가!

〈발각정심경〉

친족을 대할 때
친근한 마음을 가지고 공경해야 한다.
어려울 때 베풀어주고, 좋은 말을 건네며
상대방에게 이롭도록 도와주고
이익을 베풂에 있어서
한결같이 하며 속이지 말아야 한다.

〈육방예경〉

보리심(불도를 성취하려는 마음)은
행복을 잃어버리고
여러 가지로 고통을 받는 이들에게
한량없는 기쁨을 주며
모든 고통을 없애 준다.

〈입보리행론〉

탐욕은 무지의 아들이다.
무지와 탐욕은 불행을 부추긴다.
불행은 모두 무지로부터 비롯된다.
그러므로 불타는 무지의 집으로부터 벗어나라.

〈여시어경〉

선행을 부지런히 닦아야 한다.
선행을 닦음으로써 수명이 늘어나고,
안색이 좋아지며
안온하고 즐거우리라.

〈장아함경〉

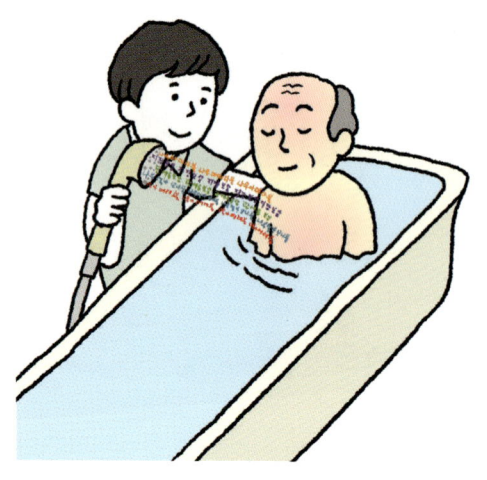

남의 마음을 아프게 하지 마라.
어리석은 사람의 독은 치성하여
분노의 불은 항상 타오른다.
인연을 만나면 장애를 일으키고
경계에 부딪히면 성을 낸다.
분노에 찬 말은 입을 찌르고
마음을 태움으로써 상대방을 다치게 하니,
그 아픔은 칼로 베이는 것보다 더하다.
이것은 보살의 착한 마음을 어기고
부처님 사랑의 가르침을 거스르는 것이다.

〈제경요집〉

이 마음을 놓아 버리면
모든 착한 일을 잃어버리게 되지만,
그것을 한 곳에 모아 두면
이루지 못할 일이 없다.

〈불유교경〉

늘 사랑하는 마음으로 화내지 않고,
항상 가여운 마음을 내서
평등한 마음으로 증오를 없애면
머지않아 삼매를 얻으리라.

〈반주삼매경〉

마업이란 온갖 착하지 못한 법을 말한다.
보시를 하고 갚음을 바라는 것이 마업이며
대자비의 마음을 버리는 것이 마업이다.
중생을 가엾이 여기지 않는 것이 마업이고
자신의 청정함을 드러내는 것이 마업이며
나쁜 짓 하기를 부끄럽게 여기지 않는 것이
마업이다.

〈대방등대집경〉

일을 하면 끝을 맺고
결코 중도에
그만두어서는 안 된다.

〈별역잡아함경〉

여섯 가지 때문에 지옥으로 들어가나니
여섯 가지란 무엇인가?
첫째는 술을 좋아하기 때문이고
둘째는 남의 여인을 탐하기 때문이며
셋째는 도박에 빠지기 때문이고
넷째는 방탕하기 때문이며
다섯째는 나쁜 벗과 어울려 다니기 때문이고
여섯째는 게으름을 피우기 때문이다.

〈선생경〉

악을 행하면 지옥에 떨어지고,
선을 행하면 천상에 태어난다.
모든 존재가 공한 이치를 닦으면
번뇌가 없어지고 해탈을 얻게 될 것이다.

〈인연승호경〉

등불의 빛은
어둠이 아니면 나타날 수 없으니,
빛과 어둠은
따로 자성이 없어 둘이 아니다.

〈정법경〉

어리석은 사람은 욕하고 비난하며
지혜로운 사람을 싸워 이기려고 하지만,
진정 이기고자 한다면
부디 침묵을 지켜야 한다.

〈출요경〉

여기 두 묶음의 갈대단이 있다고 하자.
이 갈대단들이 서로 의지하고 있을 때는
굳건히 서 있을 수 있다.
그러나 두 개의 갈대단 중 어느 하나만 치워도
그 갈대단은 모두 쓰러지고 만다.
이와 같이 네가 있으므로 내가 있고,
내가 있으므로 네가 있는 것이다.

〈상응부경전〉

어리석은 사람은
평생 동안 어진 사람을 가까이 모셔도
숟가락이 국맛을 모르듯이
진리를 알지 못한다.
그러나 지혜로운 사람은
잠깐 동안 어진 이를 가까이 모셔도
혀가 국맛을 알듯이
재빨리 진리를 이해한다.

〈법구경〉

올 때 한 물건도 가져오지 않았고
갈 때 또한 빈 손으로 간다.
아무리 많아도 아무것도 가져가지 못하고
오직 지은 업만 따라갈 뿐이다.

〈초발심자경문〉

- **혜조 스님** 충남 예산 출생. 봉녕사 강원을 나와 동국대 대학원 박사과정을 수료하였고, 대한불교조계종 총무원 문화국장을 역임하였다. 저서로 『우리말 법화삼부경』(역서), 『우리말 법화경』(역서), 『자비는 인연을 가리지 않네』, 『너를 위하여 밝혀둔 작은 램프 하나』(시집), 『엉겅퀴 붉은 향』(시집), 「연기법에 의한 공사상과 중도론 연구」(논문) 등이 있다.

- **신창호** 경남 진주 출생. '소리경전공덕회'(카페)에서 활동하는 재가불자이다. 경전 말씀에 그림을 그리면서 동영상 작업으로 불법을 홍포하고 있다.

- **해탈자** 경남 함양 출생. 초중고에서 10년간 전통예절 강사로 활동한 재가불자이다. 다도포교사로 활약하며 원예농사를 짓는 틈틈이 서예와 그림 작업으로 불법을 전하고 있다.

그림 경전 말씀 ❷

사랑할 시간이 그리 많지 않네

초판 1쇄 발행 2021년 5월 28일 | **초판 4쇄 발행** 2024년 2월 7일
엮은이 혜조 | 그린이 신창호·해탈자 | 펴낸이 김시열
펴낸곳 도서출판 운주사

(02832) 서울시 성북구 동소문로 67-1 성심빌딩 3층

전화 (02) 926-8361 | 팩스 0505-115-8361

ISBN 978-89-5746-651-3 03220   값 15,000원

http://cafe.daum.net/unjubooks 〈다음카페: 도서출판 운주사〉